AF410924

REPONSES

AUX PRÉTENDUS MOYENS DE NULLLITÉS

PROPOSÉS PAR MADAME DE SAINT-VINCENT,

POUR M. LE MARECHAL

DUC DE RICHELIEU,

PAIR DE FRANCE,

AVERTISSEMENT.

M. le Maréchal de Richelieu fe propofe de donner une réponfe détaillée aux faits avancés dans la Requête préfentée au Parlement par Madame de Saint-Vincent ; mais voyant les efforts réunis & multipliés des Accufés pour faire annuller la procédure faite au Châtelet, il a cru devoir fe borner, quant-à-préfent, à remettre fous les yeux de la Cour fes réponfes aux moyens de nullités qu'on tente de lui faire accueillir. Il y joint quelques réflexions qui doivent détruire même les fcrupules qu'une délicateffe rigoureufe pourroit élever fur la validité de l'inftruction faite devant les premiers Juges.

L'expérience connue du Châtelet dans ce genre d'inftructions, fuffiroit pour donner à M. le Maréchal la plus grande fécurité fur l'ouvrage de ce Tribunal. Les Loix mêmes le mettroient à l'abri des fuites onéreufes des vices de la procédures, s'il s'y en trouvoit. Mais dans une affaire où la mauvaife foi des Accufés tente toutes fortes voies pour de compromettre fon honneur, tout lui devient, pour ainfi dire, perfonnel. Les Accufés convaincus, dans l'état actuel des chofes, du crime dénoncé à la Juftice, fentent qu'ils n'ont d'autres reffources que de faire anéantir les preuves accablantes acquifes contre eux par leurs propres pieces & par leurs aveux. Il eft évident que s'ils croyoient que l'inftruction adminiftrât la preuve

A

de leur innocence, loin de s'acharner à en pourfui-
vre l'anéantiffement, ils folliciteroient avec chaleur
le Jugement qu'elle a mis à portée de prononcer.

Par un intérêt contraire, & le feul légitime, M. le
Maréchal, après avoir paffé par toutes les routes
épineufes tracées par les Ordonnances combinées de
1670 & 1737, étant parvenu à pénétrer le myftere
d'iniquité & à le dévoiler à la Juftice par toutes les
voies honnêtes & judiciaires admifes dans les Tribu-
naux, ne peut voir avec indifférence les pieges ten-
dus par la chicane la plus odieufe au premier Tribunal du Royaume, pour anéantir les preuves victo-
rieufes de la légitimité de fon accufation. Mais la
mauvaife foi du principe qui détermine ces manœuvres, eft trop caractérifée pour qu'elles puiffent
réuffir dans un Tribunal auffi augufte. L'honneur d'un
Pair de France doit être trop précieux à la Cour
des Pairs, pour que, malgré la conviction qu'il eft
inattaquable, elle le laiffe compromettre par des
fubtilités de formes qui ne font pas foutenables. Après
dix mois de peines & de follicitudes, s'il falloit voir
toutes les preuves détruites, ce qui eft déja jugé dans
l'opinion publique remis en queftion, & effuyer une
feconde fois les longueurs d'une inftruction nouvelle:
on l'ofe dire, un déni de Juftice, s'il étoit poffible,
feroit moins effrayant dans fes conféquences.

RÉPONSES

AUX PRÉTENDUS MOYENS DE NULLITÉS PROPO-
SÉES PAR MADAME DE SAINT-VINCENT.

POUR M. le Maréchal-Duc DE RICHELIEU,
Pair de France.

CONTRE Madame DE SAINT-VINCENT.

ON ne s'appefantira point fur les déclamations
auxquelles Madame de Saint-Vincent fe livre depuis
& compris la page 63, jufques & compris la
page 75 de fa Requête imprimée, fignifiée.

M. le Maréchal Duc de Richelieu, occupé des
affaires de fon Gouvernement à Bourdeaux, y apprend que des *Quidams* négocient à Paris des billets
prétendus fignés de lui. Certain qu'il n'en a point fait,

il charge fon Homme d'affaires de faire des recher-
ches , il écrit le 12 Juillet au Magiftrat chargé de la
Police , pour le prier *d'aider fon Homme d'affaires à
découvrir ce que peut être cette aventure inouie.* Voilà
tout ce que contient fa lettre & fa demande.

Les informations de la Police découvrent les négociations qui fe font dans une forme & aux conditions les plus fufpectes. Les variations, les menfonges
mêmes de Madame de Saint-Vincent & de fes Adhé-
rens augmentent les foupçons du Magiftrat de la
Police. Il apprend que celle-ci forme un projet d'évafion. Il croit que c'eft le cas où l'Adminiftration doit
préparer les voies de la Juftice ; il le croit avec d'autant plus de raifon, qu'il s'agit d'un crime capital &
que l'éloignement de la Partie civile ne lui permet
point de recourir aux voies ordinaires affez promp-
tement & affez efficacement pour prévenir l'évafion
des coupables. Sa vigilance eft fuffifamment provo-
quée. Mais la prudence le détermine, attendu la
qualité des perfonnes que le foupçon inculpe, à faire
autorifer fes démarches de la maniere la plus authen-
tique. Le Lieutenant de Police & le Miniftre ayant
le département de Paris réunis ont voulu prendre
eux-mêmes les ordres directs de Sa Majefté ; & c'eft
après les avoir reçus, que le Magiftrat de la Police a fait arrêter Madame de Saint - Vincent &
Bennavent.

La raifon & l'ufage autorifent ces précautions falu-
taires de l'Adminiftration.

On l'a déja dit : les actes d'autorité n'ont rien que

7

de légitime, quand ils n'ont pour objet que de préparer ceux de la Justice. Ils deviennent souvent nécessaires, & sans eux une multitude de grands crimes échapperoient à la vengeance de la Loi, dont la marche est trop lente. L'Accusé n'en souffre aucun préjudice, puisque l'Administration qui arrête sa personne & saisit ses papiers, ne fait que ce que la Justice feroit elle-même, mais moins efficacement; il ne peut se plaindre s'il est coupable, si même il a fait naître contre lui des soupçons légitimes.

L'usage a consacré ces ressources précieuses & nécessaires de l'Administration.

Les deux lettres écrites les 31 Janvier & 15 Février 1738 à un Parlement par l'un des plus grands Chanceliers de France, prouvent que ce Magistrat, loin de regarder cet usage comme un abus, en supposoit la nécessité & la légitimité, puisque l'un des griefs, qu'il faisoit à ce Parlement, étoit de n'avoir décerné qu'un décret d'ajournement personnel, qu'il ne trouvoit pas proportionné à la nature du crime, *d'autant plus qu'il s'agissoit d'Accusés que Sa Majesté avoit fait mettre en prison par un ordre émané immédiatement de son autorité* *.

Le Parlement a jugé deux cens procès où les coupables n'avoient été arrêtés que par la vigilance du Ministere, & qui auroient échappé, sans cela, à la rigueur des Loix ; jamais il ne s'est plaint de ces formes.

Que l'espece d'instruction extrajudiciaire qui en résulte ne puisse pas seule suffire à la condamnation du coupable ; que toutes les pieces qui la forment ne demeurent au procès que pour *mémoires**, & pour servir ensuite à diriger la marche de l'instruction légale ; c'est ce qui est juste, sans doute ; *c'est ce qui est d'usage*: mais c'est ce qui prouve en même tems que la Justice ne réprouve point l'acte en lui-même. L'expérience lui a mille fois appris les avantages qui en résultent.

Il est facile, sans doute, de concevoir que, sans la vigilance de l'Administration, Madame de Saint-Vincent auroit échappé à la main de la Justice ; que les billets faux auroient échappé avec elle, & qu'on n'auroit point eu plusieurs des pieces qui servent à sa conviction & à celle de Bennavent. Mais si c'est-là le grief qui forme l'objet de ses plaintes, ce n'est certainement point celui qui frappera les Magistrats.

Enfin, puisque tout ce qui s'est fait par la voie de l'Administration ne reste au procès *que comme mémoire*, il est évident que les formes en sont très-indifférentes. Ainsi, en abandonnant toute cette partie de la Requête de Madame de Saint-Vincent à son inutilité, on va se borner à l'examen des nullités qu'elle propose contre la procédure faite au Châtelet.

Il ne faut pas placer encore au nombre de ces nullités, le grief que propose Madame de Saint-Vincent, lorsqu'elle observe qu'elle a été tenue en chartre privée depuis sa sortie de la Bastille, & que Bennavent a été transféré & détenu au Châtelet sans décret *.

Tout ceci n'est encore que la suite de l'ordre du Roi.

Roi. Si le Roi a pu faire arrêter Madame de Saint-Vincent, il a pu impofer une condition à fa liberté. Contentons-nous de faire à ce fujet deux obferva-tions.

1°. Il n'eft point vrai que Madame de Saint-Vincent ait été tenue en chartre-privée. On lui a donné un Garde pour prévenir fon évafion. Mais elle a joui de la liberté d'aller & venir, de recevoir chez elle qui elle a voulu ; & elle n'a ceffé d'y recevoir le fieur de Vedel & les autres Complices. Il auroit été certainement plus prudent de les écarter ; & on auroit pu lui interdire cette faculté, fans qu'elle pût en conclure qu'elle étoit en chartre-privée.

2°. Ce ne font point *les Gens d'affaires de M. le Maréchal qui ont fait ouvrir les portes de la Baftille.* C'eft le Vicomte de Caftellanne, comme ftipulant pour elle & fa famille, ce font fes vives follicitations auprès du Miniftre. Ce qui donne lieu de remarquer en paffant que ce n'eft point à M. le Maréchal, mais à Madame de Saint-Vincent & à ceux qui ont ftipulé pour elle, qu'il faut imputer l'éclat de cette affaire, qu'ils auroient dû s'empreffer d'étouffer dans le principe.

A l'égard de Bennavent, il n'eft point vrai qu'il ait été conduit de la Baftille au Châtelet, & qu'il foit refté dans cette derniere prifon un efpace de tems fans avoir été décrété. Il étoit décrété au Châtelet avant d'avoir été mis hors de la Baftille. Et c'eft en vertu de ce décret qu'il a été arrêté en fortant de la Baftille, & écroué.

B

Examen des moyens de nullité contre la procédure judiciaire.

PREMIERE NULLITÉ.

La plainte du 27 Juillet n'eſt point qualifiée *en faux principal ;* elle ne dénomme aucun Accuſé *.

* Requête imprimée, p. 49.

REPONSES.

Quelle abſurdité ! Où eſt la Loi qui dit que ces mots, *faux principal,* ſeront employés ſacramentellement dans une plainte qu'on ſe propoſe de ſuivre par la voie de l'inſcription de faux principal ?

Ce qui caractériſe & diſtingue le faux principal & le faux incident, c'eſt l'objet de l'action.

Si la Partie intéreſſée n'a pour objet que d'écarter d'un procès la piece qui lui eſt oppoſée, ſi elle ne ſe propoſe point de faire punir l'auteur, ni même de faire juger le crime dans le cas où la piece ſeroit abandonnée : voilà *le faux incident.* Deux caractères y ſont eſſentiels. 1°. Il faut qu'il s'éleve *incidemment* à un procès. 2°. Il faut que la Partie qui a produit la piece, ait déclaré ſur la *ſommation* qui lui a été faite, *qu'elle entend ſe ſervir de la piece.*

Toutes les fois qu'il n'y a point de procès antécédent, que l'objet de la plainte eſt de faire le procès tant à la piece qu'à l'auteur, le faux pourſuivi eſt néceſſairement un *faux principal.*

De ce que l'objet d'une pareille plainte est de faire faire le procès à l'auteur du faux, il ne résulte point que l'Accusateur soit obligé de nommer dans la plainte cet auteur : l'Ordonnance ne l'exige point. Cela seroit absurde, parce que le coupable peut encore être inconnu à cette époque. Quand je rends plainte contre un *Quidam*, je rends plainte contre celui qui se trouvera coupable.

SECONDE NULLITÉ.

Le Commissaire Chesnon étoit incompétent pour recevoir la plainte judiciaire & pour informer, parce que le Juge qui a fait une premiere procédure nulle, ne peut pas faire celle qui lui est substituée *.

* Requête imprimée, p. 78,

RÉPONSES.

Tout est équivoque dans cette objection.

1°. Le Commissaire n'opere point comme *Juge*, mais comme *Enquêteur*. Par cette raison, le même Commissaire, qui a fait une premiere enquête, ou une premiere information nulle, peut être nommé pour la recommencer.

2°. Tout ce qui s'est fait avant la plainte n'est point une procédure & encore moins une procédure nulle. De ce que le Commissaire Chesnon a reçu la confiance du Roi pour exécuter ses ordres, il ne résultera jamais que la Justice n'ait pas pu lui donner la sienne pour l'instruction judiciaire. L'un n'étant qu'un préparatoire à l'autre, c'eſt une raiſon de plus pour le choix de l'Officier, qui a déja une premiere connoiſſance de l'affaire.

3.°. Auſſi l'uſage a-t-il été toujours de confier l'inſtruction judiciaire au même Commiſſaire, qui a été chargé de la préparer par l'exécution d'un ordre du Roi. La Cour en a vu cent exemples, & jamais elle n'a critiqué cet uſage.

TROISIEME NULLITÉ.

Le Commiſſaire Cheſnon a entendu dans les informations quatre témoins, dont il avoit reçu les déclarations en vertu de l'ordre du Roi *.

*Requête imprimée, p. 80.

REPONSES.

Faudra-t-il répéter ſans ceſſe que tout ce qui ſe fait par l'ordre de l'Adminiſtration, avant la plainte judiciaire, ne ſervant que *pour mémoire*, ne gêne en rien l'inſtruction judiciaire ?

QUATRIEME NULLITÉ.

Le Sr Vedel & la femme Leroi, qui avoient été entendus comme témoins, dans l'inſtruction par ordre du Roi, ont été au contraire décrétés dans l'inſtruction judiciaire. L'Abbé Froment, mis d'abord au nombre des Accuſés, a été entendu comme témoin *.

* *Ibid.* pag. 80.

RÉPONSES.

Toujours la même équivoque. Tout ce qui se fait par ordre du Roi étant extrajudiciaire, & n'étant destiné qu'à préparer l'instruction judiciaire, ne peut gêner celle-ci, ni lui servir de regle. Le Commissaire Chesnon ne pouvoit qu'exécuter les ordres du Roi, & il n'avoit pas celui d'arrêter le sieur de Vedel. La Justice a eu plus de liberté; elle en a usé.

L'Abbé Froment n'a point été accusé dans le principe, puisqu'il n'y a point eu d'ordre du Roi pour l'arrêter; mais il l'a été par la Justice, parce que le progrès de l'instruction lui a donné plus de lumieres que n'en avoit l'Administration.

Tous les jours un homme entendu comme témoin est décrété ensuite, soit parce que sa propre déposition l'implique, soit parce que d'autres témoins le chargent ensuite.

CINQUIEME NULLITÉ.

L'Abbé Froment a demandé son renvoi devant l'Official: on ignore ce qui a été fait à cet égard *.

RÉPONSES.

Madame de Saint-Vincent affecte mal-à-propos d'ignorer que l'Abbé Froment s'est désisté de ce renvoi.

Il est faux, au surplus, que le Lieutenant-Criminel ait refusé de donner acte de la demande en renvoi, *Voyez l'Ordonnance du 23 Août 1774.*

SIXIEME NULLITÉ.

La premiere plainte en faux principal n'ayant eu pour objet que les billets, on ne pouvoit se pourvoir que par la voie du faux-incident contre les Lettres, qui n'étoient, de la part de Madame de Saint-Vincent, qu'une production pour sa défense *.

* *Ibid.* pag. 83.

REPONSES.

La premiere plainte n'avoit eu pour objet que les billets, parce qu'on ne connoissoit point encore les lettres fausses fabriquées pour les soutenir. Mais la plainte qui a pour objet un crime, embrasse nécessairement ses *accessoires.* Les lettres fausses ne sont ici qu'un accessoire du faux-principal : c'est une branche du crime, qui n'a pu faire l'objet d'une instruction séparée ni différente.

D'ailleurs, la plainte du 20 Août, qui a eu pour objet les lettres fausses, est antérieure au dépôt qui en a été fait. Ce dépôt n'a même été fait qu'en exécution de l'Ordonnance qui a donné acte de cette plainte. La plainte est donc, à cet égard, une véritable plainte en faux-principal.

SEPTIEME NULLITÉ.

Les dépositions de l'information des 8 & 9 Août ne constatoient que les négociations. Six des témoins, éntendus dans cette information, dépoſoient que la ſignature avoit été reconnue par des perſonnes attachées à M. le Maréchal. C'eſt cependant dans cette poſition que l'on a décerné huit décrets de priſe-de-corps contre des gens de qualité & des domiciliés *.

* *Ibid.* pag. 85 & ſuiv.

R E P O N S E S.

C'eſt ſur le titre de l'accuſation qu'on doit régler la qualité des décrets, beaucoup plus que ſur le degré de la preuve . . . . Le ſeul titre de l'accuſation ne ſuffit point, à la vérité, pour autoriſer les Juges à donner un décret de priſe-de-corps . . . . Mais la regle générale eſt que, quoiqu'il n'y ait encore que des SOUPÇONS ET DES INDICES *contre l'Accuſé, c'eſt le titre de l'accuſation & non le degré de preuve qui doit décider de la nature du décret.* Telles ſont les regles que M. d'Agueſſeau traçoit en 1738 à un Parlement *, & qui ont lieu, à bien plus forte raiſon, en matiere de faux, où l'Ordonnance elle-même a laiſſé aux Juges une liberté beaucoup plus étendue.

* Voyez lettres du 31 Janvier & 31 Mars, au Recueil ci-deſſus cité.

La Cour, en viſitant le procès, verra que les décrets, dont pluſieurs ont été convertis depuis, ne ſont rien moins que trop ſéveres. Les premieres informations ne prouvoient encore que des négociations, mais elles prouvoient des négociations frauduleuſes & incompatibles avec les hiſtoires des Accuſés: les lettres ſaiſies ſur Bernavent prouvoient un projet de fuite & les manœuvres les plus criminelles : les charges ſurvenues depuis, celles que les décrets ont procurées, par les papiers qu'ils ont donné lieu de ſaiſir, ont porté la preuve au plus haut degré d'évidence,

& ont juſtifié la néceſſité de ces décrets.

Mais * il ne s'agit point en ce moment de juger les décrets. Une inſtruction criminelle ſeroit nulle s'il n'y avoit aucun décret, ou ſi le décret étoit nul par un vice de forme.

Mais *la gravité du décret n'eſt point un moyen de nullité contre la procédure qui a ſuivi.* C'eſt une raiſon pour l'adoucir, ou pour le convertir, s'il y a lieu, mais non pour anéantir les interrogatoires, & tout ce qui s'en eſt ſuivi. C'eſt cette pernicieuſe conſéquence de l'annullation d'un décret qui fait que jamais on ne s'eſt permis de l'anéantir ſous le prétexte qu'il eſt trop grave, & que dans ce cas on ſe borne à ſa converſion; il faut qu'il ſoit infecté d'une nullité d'Ordonnance, pour qu'on puiſſe l'annuller. Or dans l'eſpece, les décrets ſont précédés d'une plainte, d'une information, & des concluſions du Miniſtere public. Quoi de plus régulier?

SEPTIEME NULLITÉ.

Il y a apparence que les concluſions du Procureur du Roi, tendantes à l'appoſition des ſcellés ſur les papiers de ceux qui ſeroient décrétés de priſe-de-corps, quoiqu'elles ſoient datées du 14 Mars, ſont poſtérieures de pluſieurs jours à cette date, & conſéquemment à l'Ordonnance du Lieutenant Criminel *.

REPONSES.

La Requête de M. le Maréchal, tendante à faire décréter

---

décréter l'information & à faire ordonner l'apposition de scellés sur les papiers & effets de ceux qui
seroient décrétés, est répondue d'un *soit montré* au
Procureur du Roi.

Il existe des doubles conclusions, par lesquelles le
Procureur du Roi a conclu, 1°. à divers décrets,
2°. à l'apposition de scellés sur les papiers & effets des
décrétés de prise-de-corps : ces conclusions sont du
14, même jour de l'Ordonnance.

Si Madame de Saint-Vincent prétend révoquer
en doute la vérité de la date, il faut qu'elle s'inscrive
en faux ; on ne prononce point une nullité sur un
il y a apparence.

Ce seroit au surplus bien inutilement qu'elle pas-
seroit à cette inscription de faux. La Requête de M.
le Maréchal ayant été communiquée au Procureur
du Roi, celui-ci ayant donné ses conclusions, le
Lieutenant-Criminel pouvoit prononcer, ce que de
droit, quand même le Procureur du Roi n'auroit pas
pris toutes les conclusions qu'il devoit prendre. Il
faut en la forme des conclusions ; mais le Juge n'est
point obligé de les suivre littéralement ; il en peut
rejetter ce qui ne lui paroît pas régulier, & il y peut
suppléer ce qui a été omis.

HUITIEME NULLITÉ.

C'est contre les regles que le Procureur du Roi
a requis & que le Lieutenant-Criminel a ordonné
l'apport de la procédure faite de l'ordre du Roi. Si

cette procédure étoit bonne, il n'en falloit pas re-commencer une autre ; si elle étoit nulle, il falloit la laisser de côté , & même en prononcer la nul-lité *.

* *Ibid.* pag. 89, 90, 91.

R E P O N S E S.

Le Procureur du Roi a requis & le Lieutenant-Criminel a ordonné l'apport des pieces, non pas comme une instruction , mais *pour servir à l'instruc-tion , ce que de raison* , c'est-à-dire , *pour mémoires.*

Il y avoit dans ces pieces des interrogatoires faits & des déclarations reçues extrajudiciairement ; ces actes ne doivent servir que de *mémoires*. Mais il y avoit en outre des pieces de *conviction* , telles que les papiers saisis sur Madame de Saint-Vincent & Bennavent.

Le Châtelet s'est conformé à l'usage & à la regle , en ordonnant la jonction de toutes les pieces, *pour servir à l'instruction , ce que de raison.* Le Parlement vient de confirmer une Sentence du Châtelet qui avoit condamné un homme à mort , sur une instruc-tion commencée de même par ordre du Roi , & où les procédures faites par cet ordre avoient été jointes de même *pour servir , ce que de raison.* Ces expressions n'ont point fait naître de doutes sur la validité du décret prononcé contre cet homme.

N E U V I E M E   N U L L I T É.

Les interrogatoires n'ont point été écrits par au-cun Greffier du Châtelet ; le Lieutenant-Criminel s'eſt ſervi d'un Secrétaire , auquel il n'a point fait prêter ſerment *,

* *Ibid.* pag. 91 & 92.

R E P O N S E S.

L'article 6 du titre 6 de l'Ordonnance de 1670 porte : « Les Juges , même ceux de nos Cours , ne » peuvent commettre leurs *Clercs* , ou autres per- » ſonnes , pour écrire les informations, *s'il y a un* » *Greffier* , *ou un Commis à l'exerçice du Greffe* ; ſi ce » n'eſt qu'ils fuſſent abſens , malades , ou qu'ils euſſent » quelqu'autre empêchement légitime ».

L'Ordonnance reconnoît donc *les Commis à l'exer- cice du Greffe* , comme auſſi capables de tenir la plume que *les Greffiers*. Elle n'exige point que ces Commis prêtent un ſerment particulier , dont elle ne parle dans l'article 7 qu'à l'égard *des autres perſonnes* que le Juge peut commettre : la raiſon en eſt ſimple , c'eſt que *les Commis à l'exercice du Greffe* étant reçus pour cet objet dans la même forme que les Titulaires , & ayant prêté ſerment lors de leur reception , tiennent lieu des Titulaires.

Or dans le fait , ce n'eſt point *un Secrétaire* du Lieu- tenant-Criminel , mais *un Commis à l'exercice du Greffe* qui a tenu la plume , & qui a ſigné les minutes.

Tout eſt en regle : toutes les inſtructions crimi- nelles ſe font au Châtelet par les Commis à l'exercice du Greffe aſſermentés ; le Parlement a confirmé 2000 procédures de ce genre. Les Sentences de ré- ception de ces Commis-Greffiers ont été remiſes à M. le Procureur-Général.

DIXIEME NULLITÉ.

M. le Maréchal a été admis à faire un corps d'écriture pour pieces de comparaifon ; l'Ordonnance ne le permet que pour l'accufé. La Sentence qui l'y avoit admis a ordonné que le corps d'écriture feroit fait dans telle pofition que les Experts indiqueroient, & que le Lieutenant-Criminel *jugeroit néceffaire.* M. le Maréchal a été difpenfé de ces conditions ; Madame de Saint-Vincent, ni les autres Accufés n'ont point été préfens à cette opération *.

** Ibid. pag. 92, 93, 94 &: 95.*

REPONSES.

On a pris pour pieces de comparaifon, 1°. des fignatures au bas de pieces authentiques ; 2°. des lettres produites par Madame de Saint-Vincent elle-même, & par elle reconnues. On a cru utile en outre de faire faire à M. le Maréchal un corps d'écriture fous les yeux du Juge & des Experts, parce qu'on n'auroit point trouvé dans les autres pieces de terme de comparaifon à l'égard des *bons pour* qui font fur les billets, & parce qu'on a cru cette expérience faite fous les yeux du Juge & des Experts plus propre à faire connoître le véritable genie du caractere de M. le Maréchal. S'il étoit vrai que l'Ordonnance n'admît point cette opération, tout ce qui en réfulteroit, feroit qu'on auroit fait une opération furabondante. *Utile per inutile non vitiatur.*

Mais il n'y a aucune Loi qui défende d'admettre l'Accusateur à former un corps d'écriture ; son silence ne peut équipoller à une prohibition ; une nullité ne se supplée pas.

La Sentence n'ayant ordonné que M. le Maréchal feroit le corps d'écriture, que dans les positions *qui seroient jugées nécessaires*, tout s'est fait réguliérement, dès-lors qu'on n'en a jugé aucune nécessaire : il ne s'agissoit en effet que d'avoir une écriture libre ; & il auroit été absurde de donner une position contrainte pour juger du caractere d'une écriture faite librement & couramment.

L'article 18 du titre 1 de l'Ordonnance du faux défend expressément d'admettre la présence de l'Accusé au procès-verbal de présentation de pieces de comparaison. Madame de Saint-Vincent n'a donc pas dû être admise à un procès-verbal qui avoit pour objet de former une piece de comparaison.

ONZIEME NULLITÉ.

Madame de Saint-Vincent, depuis & compris la page 95 jusques & compris la page 98, se livre à de vives déclamations contre les témoins de Poitiers ; elle leur oppose la prétendue reconnoissance faite par le Notaire, de la signature de M. le Maréchal, & cependant elle attaque ensuite la foi de ce Notaire, parce qu'il ne lui a point été favorable dans le suffrage qu'il a donné lors de la représentation qui lui a été faite des pieces arguées de faux.

R E P O N S E S.

Toutes ces difcuffions ne préfentent aucune nullité de forme ; ce font tout au plus des confidérations pour affoiblir, ou pour faire rejetter lès dépofitions ; c'eft un examen qui appartient au fond, &
qui ne peut fe faire qu'en vifitant le procès, ou tout
au plus lorfqu'on jugera fi la plainte en prétendue
fubornation peut être admife, ce qui doit dépendre
de l'examen des confrontations.

D O U Z I E M E   N U L L I T É.

Le fieur Peixotto, Banquier, entendu dans la premiere information, l'a été une feconde fois dans l'addition : un témoin ne peut être entendu deux fois*,

* Ibid. pag. 98 & 99.

R E P O N S E S.

La premiere information a été faite fur la plainte du
27 Juillet, & en vertu de l'Ordonnance du 5 Août.
M. le Maréchal a rendu une feconde plainte par
addition le 20 Août ; c'eft en vertu de l'Ordonnance
intervenue fur cette feconde plainte qu'a été faite
l'addition d'information.

T R E I Z I E M E   N U L L I T É.

On a fait porter l'inftruction fur des objets étrangers au titre de l'accufation. 1°. L'on a fait entendre

des témoins fur la contrefaaction d'une lettre de la Prieure du Couvent de Poitiers. 2°. L'on a joint au procès des lettres de M. le Maréchal, du fieur de Vedel & de Madame de Saint-Vincent, qui concernent des objets étrangers au faux. La faifie de ces lettres eft même une chofe contraire à toutes les regles : on a toujours rejetté des procès, même criminels, les lettres interceptées *.

*Ibid. pag. 100, 101, 102, 103, 104.

R E P O N S E S.

Prouver qu'une perfonne accufée de faux eft dans l'habitude d'en commettre de même genre, ce n'eft point inftruire un objet étranger au crime.

Madame de Saint-Vincent fait un étalage inutile d'une doctrine fuperflue, lorfqu'elle s'efforce de prouver qu'on ne doit point admettre en Juftice des lettres *interceptées* : cette maxime ne s'applique qu'aux lettres qu'un accufateur s'eft procurées par une voie frauduleufe & illégale.

La Loi autorife à faifir les papiers d'un accufé décrété de prife-de-corps ; la raifon en eft, qu'il peut être convaincu fur fes propres pieces. C'eft par cette voie légale que toutes les lettres dont il s'agit font venues fous la main de la Juftice.

Les inductions que M. le Maréchal en tire, ne font rien moins qu'étrangeres au procès, puifqu'elles tendent à prouver, 1°. la complicité du fieur de Vedel ; 2°. des complots iniques entre lui & Madame de

Saint-Vincent ; 3°. la fauſſeté de preſque toutes les parties de ſon hiſtoire ; 4°. des faux relatifs à l'objet capital des billets ; 5°. la contrefaction des lettres attribuées à M. le Maréchal, & le procédé qui y a ſervi.

Au ſurplus, c'eſt en viſitant le procès, que l'on peſera les conſéquences qui peuvent réſulter de ces pieces, & que l'on jugera ſi elles ont pu devenir l'objet des interrogatoires ; il ſuffit d'obſerver ici qu'elles ont été légalement miſes ſous les yeux de la Juſtice & que l'inſtruction ne ſeroit pas nulle, quand le Juge auroit cru devoir interroger ſur des objets dont il ſe ſeroit enſuite réſervé d'apprécier le plus ou moins de rapport avec le crime qui étoit la matiere directe du procès.

Réflexions ſur la prétendue nullité réſultante de l'incompétence du Châtelet, pour ſtatuer ſur la plainte rendue par Madame de Saint-Vincent, des faits de ſubornation de témoins.

C'eſt un principe reçu en toutes matieres, que les Loix de rigueur, loin d'être ſuſceptibles d'extenſion, ſe reſtreignent à leurs diſpoſitiõs textuelles & littérales. C'eſt à ce principe conſacré par la ſageſſe de notre légiſlation, & la douceur de nos mœurs, que les Citoyens doivent leur ſécurité, & la Société ſon harmonie. Sans lui tout rentre dans l'incertitude, & loin de trouver dans les Loix une ſauve-garde, le Citoyen ne peut plus les regarder qu'en tremblant,

ne

ne fachant plus quelle extenfion & quelle interprétation elles peuvent recevoir contre lui.

Combien ces maximes ne doivent-elles pas être
plus facrées, quand il ne s'agit que d'ufages qui n'é-
tant écrits nulle part, ne laiffent déja que trop d'incertitude fur la maniere de régler les intérêts qui s'y
trouvent fubordonnés ?

Il eft, à lavérité, de ces ufages qui, par l'importance
de leur objet, font auffi refpectables que les Loix les
plus précifément établies. Tels font ceux qui affurent
le maintien des droits & de la dignité de la Pairie.
Mais comme la Loi elle-même, ils fe modifient à
l'infini, & les circonftances en déterminent néceffaire-
ment l'application & l'interprétation. Comme elle ils
font fubordonnés à la raifon, à la fageffe du Magiftrat
& à l'utilité des Citoyens. Ces confidérations feules
doivent éclairer & diriger tous les Jugemens.

Nul autre Tribunal en France que la Cour des
Pairs ne peut recevoir une plainte contre un Pair de
France, & la plume doit tomber des mains de tous
Juges, dès qu'un Pair lui eft déféré. *L'ufage eft tel &
vaut Loi.* Mais lorfqu'une plainte n'eft point rendue
contre un Pair, quand loin de le défigner, elle n'eft
dirigée que contre des *Quidams* telle que celle hafar-
dée par Madame de Saint-Vincent, le Juge inférieur
peut-il reconnoître, dans cette dénomination incer-
taine & obfcure, la perfonne d'un Pair de France, &
doit-il dès-lors fufpendre l'inftruction d'un crime
grave par le foupçon d'une incompétence acciden-

telle que la marche de l'Accufé ne lui indique même pas dans fa récrimination ?

Les Juges inférieurs font ftriétement aftreints à fe renfermer dans les termes des Loix & des ufages qui les fuppléent. Ils n'y peuvent voir que ce qui eft littéralement établi. D'une part, ils ne font incompétens que vis-à-vis d'un Pair de France nommément; de l'autre les conclufions d'une Requête fixent feules la matiere de leur Jugement: *Quod concluditur non quod dicitur*. Renfermés dans ces deux principes, ils n'ont point la liberté, par un commentaire de ce que la malice des Accufés, ou un enchaînement de procédures peuvent produire par l'événement, de refufer d'avance la juftice à leurs Jufticiables. Soutenir le le contraire, c'eft tourner contre les Pairs un ufage établi pour eux, c'eft réduire les Juges inférieurs à une perplexité cruelle. Les premiers, attaqués dans leur fortune ou dans leur honneur, ne fauront plus dans quel Tribunal porter leurs plaintes, étant aftreints à déférer les coupables à leurs Juges naturels; & ceux-ci feront toujours entre deux écueils également dangereux, ou le déni de juftice, ou l'incompétence, fi la moindre récrimination contre les Gens d'affaires (lieu commun toujours employé par les Accufés en pareil cas) doit être regardée comme l'inculpation du *Pair* même, par une poffibilité métaphyfique qu'il foit impliqué perfonnellement en définitif.

Deux raifons autorifoient donc le Châtelet à perfévérer dans fon inftruétion. 1°. Le ridicule des faits préfentés, qui le conduifoit, par la connoiffance de fon inftruction, à préjuger qu'en définitf la plainte étoit inadmiffible. 2°. La plainte n'inculpoit que des *Quidams & Gens d'affaires.* En fuppofant qu'il fallût y ftatuer par une permiffion d'informer, il ne pouvoit en prévoir d'autre iffue directe que la charge ou décharge de ces Quidams & Gens d'affaires; & dans l'hypothefe la plus éloignée, ce ne pouvoit être que par le réfultat d'interrogatoires fubis par ceux-ci, que, fi la fubornation étoit auffi démontrée qu'elle eft fauffe, M. le Maréchal de Richelieu pût finir par être inculpé perfonnellement.

Tant de fuppofitions à réalifer, tant d'inftructions intermédiaires à confommer, tant de degrés à franchir pour parvenir à l'inculpation d'un Pair de France, ne devoient fûrement pas faire naître prématurément un fcrupule dans l'efprit des Juges du Châtelet, & fur la prévoyance d'une incompétence future & contingente, les décider à la réalifer d'avance & à laiffer tomber la plume de leurs mains dans le moment le plus intéreffant de l'inftruction, dont les Accufés défiroient la conclufion auffi ardemment que la Partie civile. Ils auroient cru prévariquer & fe rendre coupables d'un déni de Juftice, n'ayant à alléguer pour le juftifier qu'une inquiétude & une prévoyance fondées fur une chimere.

Ils ont été confirmés dans leur opinion par la conduite même du Parlement. Madame de S. Vincent interjette appel de la Sentence rendue au Châtelet, qui joignoit fa plainte en fubornation au fonds du

Procès. Sa Requête contenant son appel demandoit en même-tems des défenses. Son appel n'est point fondé sur un moyen d'incompétence qui n'étoit point proposable de sa part, puisqu'elle avoit rendu sa plainte au Châtelet. Quelle a été la marche de Messieurs de la Tournelle ? Loin d'appercevoir aucune incompétence dans les Juges du Châtelet, ils refusent à Madame de Saint-Vincent des défenses, reçoivent purement & simplement son appel, sur lequel ils renvoient les Parties à l'Audience à jour indiqué.

Cette conduite certainement ratifioit celle du Châtelet quant à la marche judiciaire, & ne laissoit plus d'autre question que celle du bien ou mal jugé de la Sentence qui avoit joint au fonds du Procès la plainte en subornation de témoins.

Ainsi aux principes raisonnés, qui avoient décidé les Juges du Châtelet à continuer l'instruction, s'est jointe une bonne foi déterminée par la conduite du Parlement son Supérieur immédiat.

Qu'en est-il résulté ? Une instruction mise à fin dans toutes les regles de l'Ordonnance, & ce, dans la partie la plus utile aux Accusés, savoir leurs confrontations où ils sont le plus à portée d'établir leur innocence.

La Tournelle, il est vrai, s'est dans la suite réformée elle-même, a déclaré son propre Arrêt nul, a renvoyé l'affaire aux Chambres assemblées, qui ont jugé devoir convoquer les Princes & les Pairs.

Cette conduite qui n'a d'autre principe que, la

scrupuleuse délicatesse du Parlement sur le maintien des droits de la Pairie, ne peut rien changer à la nature des choses. Il a apperçu la possibilité d'une inculpation d'un Pair, & dès-lors n'a point voulu la laisser naître dans un Tribunal inférieur. Il a pu tout évoquer à lui dans cette vue, & pour le faire méthodiquement, annuller son Arrêt rendu à la Tournelle. Tout ce qui peut s'ensuivre à la rigueur pour être parfaitement conséquent, est d'annuller de même la Sentence de jonction rendue au Châtelet.

Mais la nullité de la procédure, qui est postérieure, à la vérité, à cette Sentence, mais n'en est ni la suite ni la conséquence, ne peut être prononcée sur ce fondement. Cette procédure dérive des Réglemens antérieurs, n'a pour objet que l'instruction du faux. Si elle n'est infectée d'aucun vice de nullités particulieres, la Sentence de jonction de la plainte en subornation qui est isolée, étrangere, ne lui en a communiqué aucuns. Il est utile à toutes les Parties que cette procédure subsiste, pour terminer enfin une affaire qui dure depuis dix mois. C'est dans cette partie de la procédure que se trouve le développement des moyens employés par les Accusés pour établir leur innocence. Ils ont donc encore plus d'intérêt que la Partie civile à ce qu'elle soit admise par le Parlement.

Si les motifs de considération se présentoient seuls pour en déterminer l'admission, on peut dire avec confiance qu'ils seroient décisifs. Quelle force ne doivent - ils pas acquérir, lorsque, ni une loi écrite, ni l'usage, ni le texte des conclusions de la plainte ne décidoient point l'incompétence des Juges du Châtelet, & que la bonne foi & l'utilité des Parties ont déterminé leur conduite ?

Nota. Le Châtelet & le Parlement n'ont statué que sur la plainte rendue par Madame de S. Vincent contre des *Quidams.* Ce n'est que postérieurement à la marche tenue sur cette Requête que Madame de Saint-Vincent a présenté en la Cour sa grosse Requête, où elle tente d'inculper personnellement M. le Maréchal. Ce qui justifie également la conduite du Châtelet & de la Tournelle.

APPERÇU

De l'Affaire de M. le Maréchal DE RICHELIEU, contre Madame DE SAINT-VINCENT.

LE crime de faux que pourfuit M. le Maréchal, fort de la claffe ordinaire des délits dénoncés à la vindicte publique. La clandeftinité dans laquelle s'enveloppent toujours les fauffaires, rend leur crime d'autant plus dangereux, que, non moins funefte à la Société qu'il abufe en la ruinant, il eft prefque impoffible à la Juftice de le faifir par les moyens ordinaires qui décelent les autres criminels.

La preuve teftimoniale, dans l'ufage ordinaire, établit le corps du délit, & la main qui lui a donné l'exiftence. Dans l'efpece du *faux*, cette reffource doit prefque toujours manquer fur l'émiffion du *faux*. Il faudroit fuppofer une imprudence inadmiffible chez une perfonne capable de projetter & confommer *un faux*, pour efpérer de rencontrer des témoins qui puiffent dépofer *de vifu* de la fabrication d'un titre faux.

Ce font ces confidérations naturelles qui ont dicté au célebre Rédacteur de l'Ordonnance de 1737, les difpofitions de l'article 3 du titre premier. Il y eft dit *qu'il fera informé de la plainte en faux principal, tant par titres que par Témoins ; comme aussi par Experts, ensemble par comparaison d'écritures ou signatures, LE TOUT SELON QUE LE CAS LE REQUERRA ; & lorsque le Juge n'aura pas ordonné en même tems ces différens genres de preuves, il pourra y être suppléé, s'il y échet, par une Ordonnance ou un Jugement postérieur.*

Il est clair que le Législateur a senti que dans l'espece de ce crime les trois genres de preuves par titres, par témoins, par vérification d'écritures, devoient très-souvent ne pas concourir. C'est ce qui l'a décidé à laisser à la prudence du Juge d'adopter celui que les circonstances pourroient lui fournir. En adoptant les trois, on ne peut avoir d'autres vues que de corroborer l'un par l'autre, sans prétendre se fixer à l'un exclusivement, & celui de la preuve testimoniale est celui des trois dont on doive le moins espérer de secours direct pour la découverte de la vérité.

Les témoins entendus sur une plainte de faux ne peuvent éclaircir que l'existence des pieces arguées de faux, leur nombre, leur objet, les manœuvres des accusés pour en tirer parti. Ces premiers indices peuvent être tels que le Juge soit autorisé à une conviction intime de l'existence du crime & de sa perpétration par l'accusé, avant que le corps du délit soit sous ses yeux par la remise des fausses pieces en son Greffe, avant conséquemment que l'accusé soit légalement convaincu d'en être l'auteur, soit par la vérification des Experts, soit par son propre aveu.

Doit-il cependant laisser le Public livré à la mau-

vai

vaiſe foi de l'accuſé qui, maître de ſes faux titres, & poſſeſſeur du funeſte talent de les multiplier, cherche d'autant plus à en tirer parti, qu'il craint davantage les ſuites des informations ? Doit-il laiſſer le crédit & le nom de celui dont la ſignature eſt contre-faite, pour ſouſcrire des engagemens immenſes, expoſés à être compromis ſouvent ſans reſſource ? Non. La Loi, dans ce cas, excite l'activité prudente du Juge. L'article 30 du titre premier de l'Ordonnance de 1737, décide formellement que *dans ce cas les Juges pourront décerner tels décrets qu'il appartiendra ſans information, en cas qu'il y ait d'ailleurs des charges ſuffiſantes pour décréter.*

Rien ne peut caractériſer d'une maniere plus préciſe l'eſprit de la Loi, relativement à la preuve teſtimoniale en matiere de faux. Si avant l'information, avant la vérification par Experts, avant la remiſe des pieces arguées de faux, qu'on ne peut preſque jamais ſaiſir qu'avec la perſonne même de l'accuſé, il eſt cependant loiſible au Juge de *décerner contre lui tels décrets qu'il appartiendra, s'il y a charges ſuffiſantes d'ailleurs;* il eſt évident que la preuve teſtimoniale eſt celle de toutes la moins requiſe, dont la foibleſſe doive le moins occuper le Juge, & que lorſqu'elle concourt avec les autres, on ne doit la conſidérer que comme un adminicule.

Si le Juge y eſt ſi peu aſtreint lorſqu'il s'agit, par un décret, de priver un Citoyen de ſa liberté, & de compromettre ſa réputation ſur des indices ſouvent trompeurs, quelle doit être ſa ſécurité lorſque, par

le développement de l'inſtruction, les aveux des accuſés fixés par leurs interrogatoires, leurs récole-
mens, leurs confrontations reſpectives, l'examen de
leurs propres papiers trouvés ſous les ſcellés, la vérification faite par Experts des titres argués de faux,
non-ſeulement le faux eſt prouvé, mais encore il eſt
démontré que ce faux ayant pour objet une eſcro-
querie énorme, a été projetté de longue-main, con-
certé & exécuté par les accuſés; que toutes les fables
par eux imaginées pour le maſquer, & pour le ſou-
tien deſquelles d'autres faux avoient été fabriqués,
ſont démontrées n'être que des fables?

Toutes ces réflexions ont une application naturelle
& néceſſaire à l'affaire dont il s'agit.

Le Châtelet pouvoit, ſans information, décréter
Madame de Saint-Vincent & ſes complices, s'il y
avoit *charges ſuffiſantes d'ailleurs*. Ces charges exiſ-
toient dans les lettres & papiers ſaiſis ſur elle & Bennavent d'ordre du Roi. Sa conduite étoit dirigée, ſui-
vant l'opinion de M. le Chancelier d'Agueſſeau, par
celle du Miniſtere qui, dans les menées & les variations de Madame de Saint-Vincent, avoit trouvé des
motifs déterminans pour s'aſſurer de ſa perſonne. Ces
pieces de conviction conſervées par la vigilance du
Miniſtere ont été corroborées par une information
juridique. Les dépoſitions des témoins ont dévoilé des
manœuvres plus que ſuſpectes dans les négociations
clandeſtines, myſtérieuſes & à vil prix, conſommées
ou tentées d'un nombre prodigieux d'effets montans
à des ſommes conſidérables, ainſi que les co-opéra-

teurs de ces négociations. Le Châtelet a donc décerné ses décrets aussi sagement que légalement, ayant réuni aux *charges qu'il y avoit d'ailleurs* les preuves judiciaires que les circonstances permettoient en ce moment.

Les premiers interrogatoires des accusés décéloient le faux de toute part dans les récits même qu'ils faisoient pour le masquer, soit par l'absurdité de leurs fables, soit par leurs contradictions respectives.

Les pieces (1) trouvées sous les scellés ont mis au jour les projets de ce faux, leur développement & leur exécution. Les nouveaux interrogatoires subis sur ces pieces mettent dans toute leur force les inductions que la Partie civile & le Juge en ont tirées. Dans ces interrogatoires se trouve la discussion contradictoire entre la Partie civile & l'accusé, de toutes ces pieces trouvées sous les scellés de la femme Leroi qui les avoit récélés.

Quoiqu'on présente cet amas de pieces comme une collection effrayante par son immensité, la réduction en est simple & légitime. Toutes ces pieces ont été représentées aux accusés lors de leurs interrogatoires. Ils en ont tiré les inductions qu'ils ont cru leur être favorables, le Juge en a tiré celles qu'il a cru intéressantes à la découverte de la vérité. Ainsi toutes celles nécessaires à charge & à décharge, sont fixées par les interrogatoires : le reste peut être né-

______

(1) Voyez les Observations imprimées & signifiées par M. le Maréchal sur la plainte en subornation de témoins, le précis des preuves du faux y est concluant.

gligé. Alors on voit que la difcuffion de toutes ces pieces rentre dans celle des interrogatoires, & s'y réduit.

Les réponfes des Accufés à leurs interrogatoires font fixées par leur recollement, leurs contradictions le font par leurs confrontations refpectives. C'eft-là que réfide ou la conviction de leurs crimes, ou l'établiffement de leur innocence, non dans leurs libelles & dans les imputations, auffi imbécillesque calomnieufes, imaginées par leurs Défenfeurs, à la vue du défefpoir de la Caufe de leurs Cliens.

A moins que de rencontrer parmi les Témoins des gens qui dépofent de la remife faite par M. le Maréchal à Madame de Saint-Vincent des billets dont il s'agit (ce qu'il ne craint pas) on n'en peut trouver qui dépofent pofitivement à la décharge de cette Dame & de fes Complices. Les dépofitions qui pourroient lui être le plus favorables, ne pourroient être que négatives, & dès-lors ne fignifieroient rien.

Des autres, qui toutes doivent la charger fur différens chefs, à l'exception de celles relatives à la fauffe fignature du fieur PEIXOTTO, appofée par elle ou par fon ordre, au bas d'un mandat de cent mille écus, & de celles de Millau ou de Poitiers, qui la convainquent d'une habitude à contrefaire l'écriture de M. le Maréchal, on ne peut efpérer que des notions indirectes & éloignées fur le faux dont il s'agit.

De toutes ces réflexions, il faut conclure que la religion des Juges ne peut être vraiment éclairée que par l'examen & la combinaifon des informations

& des interrogatoires des Accusés , avec les pieces qui s'y trouvent discutées, & les dépositions des Experts.

C'est dans ces pieces qu'ils trouveront la preuve qu'il existe un faux, que ce faux est le crime de Madame de Saint-Vincent, auquel les autres Accusés ont coopéré plus ou moins, soit pour sa consommation, soit pour en tirer parti par les négociations frauduleuses des billets.

Les dépositions de Témoins ne peuvent être considérées que comme des adminicules.

La Cour ne peut statuer en connoissance de cause sur les libertés provisoires qu'après cet examen, par le même principe qu'en matiere de faux, le décret n'est pas déterminé par les seules dépositions des Témoins. Il est sensible que par la même raison, elles ne peuvent influer sur l'élargissement de l'Accusé par leur silence sur le crime de faux.

De ce peu d'influence de la preuve testimoniale en matiere de faux, naît une réflexion bien simple sur la plainte en subornation de Témoins, hasardée par Madame de Saint-Vincent. Quel intérêt, quel espoir auroient pu décider M. le Maréchal à se manquer à lui-même, à sacrifier sa bourse & son honneur pour acheter des Témoins inutiles, & dont il ne pouvoit espérer aucune déposition tranchante sur le fait du faux qu'il poursuivoit? La notoriété de la dépravation de Madame de Saint-Vincent à Millau & à Poitiers l'a déterminé à y faire informer par addition. Il ne connoissoit pas la plupart des Témoins qui y ont été entendus, même de noms. Il n'a envoyé personne

fur les iieux. Il a chargé tout fimplement des **Procu-**
reurs inconnus, qui ont fait entendre à leur gré tous
ceux qu'ils ont cru avoir connu plus ou moins Madame de Saint-Vincent. Tout l'objet de M. le Maréchal étoit de faire connoître Madame de Saint-Vincent à fes Juges. Ayant à convaincre une femme de
fa naiffance d'un crime auffi bas que celui qu'il pourfuit, il étoit néceffaire de diffiper par la connoiffance
de fes mœurs le préjugé que fa naiffance pouvoit élever en fa faveur, & de dévoiler les manœuvres que
fa correfpondance avec le fieur Vedel annonçoit
qu'elle avoit pratiquées avant fon arrivée à Paris,
pour préparer le crime qu'elle y a confommé.

Tous ces Témoins étoient récollés en leurs dépofitions avant que de venir à Paris, où conféquem-
ment M. le Maréchal n'a eu aucun intérêt de les pra-
tiquer.

D'ailleurs les pieces étoient tirées des fcellés, &
il avoit les feconds interrogatoires des Accufés, lorfqu'il s'eft décidé à faire informer à Millau & à Poitiers. Alors les propres lettres de Madame de Saint-
Vincent ne laiffoient plus rien à defirer à M. le Maréchal pour s'affurer le gain de fa Caufe. Cette plainte
en fubornation n'eft vifiblement qu'une reffource du
défefpoir.

Signé le Maréchal, Duc de Richelieu.

MM {ROLLAND DE CHALLERANGE, } Rapporteurs.
{TITON DE VILLOTRAN,

Després, Procureur.

De l'Imprimerie de L Cellot, rue Dauphine, 1775.

www.ingramcontent.com/pod-product-compliance
Lightning Source LLC
LaVergne TN
LVHW011415170726
843501LV00006B/2215